Caroline Grégoire wurde 1970 in Namur, Belgien geboren und lebt heute in Spa. Ihre Begeisterung für Kinderbücher, Malerei und Farben bestimmte ihre Berufswahl: Sie studierte Illustration in Saint-Luc und wurde Grafikerin. Ihr erstes Bilderbuch „Patate Horreur" erschien 1993 in Frankreich bei Pastel - Ecole des Loisirs. Die Belgier können sich Caroline Grégoires Illustrationen sogar auf ihre Briefe kleben – im Herbst 1996 kamen vier von ihr gestaltete Briefmarken heraus.

Im Baumhaus Verlag ist von Caroline Grégoire außerdem erschienen:
Faust und Filou – Zwei wie Hund und Katz
Apollo – rundrum schön!

Apollo heißt nicht zufällig Apollo. In seinem Namen steckt Apoll, der griechische Gott der Vegetation. Apoll weissagt als Orakelgott in Delphi, ist als Gott der Künste Anführer der Musen und verleiht die Kraft des Gesanges. Singen kann unser Apollo zwar nicht. Aber dafür ist er ungemein wandlungsfähig. Zahlen gehören zu seinen leichtesten Übungen. Eines verbindet ihn besonders mit seinem göttlichen Namensgeber: Apoll schützt als Torwächter Haus und Hof. Und wer könnte so etwas besser als Apollo – hundrum, pardon, rundrum schön!

Die Deutsche Bibliothek - CIP-Einheitsaufnahme
Grégoire, Caroline: Apollo - rundrum schön gezählt!
/ Caroline Grégoire. [Dt. Text: Sabine Conrad].
- Zürich ; Frankfurt/Main ; Bruck :
Baumhaus Verl., 1999
ISBN 3-909480-52-7

Deutscher Text: Sabine Conrad
Lithos: Photolitho, Gossau/Zürich
Printed in Belgium by Proost, Turnhout

Gesamtverzeichnis schickt gern: Baumhaus Verlag AG,
Vertrieb, Juliusstraße 12, D-60487 Frankfurt am Main

5 4 3 2 1 99 00 01 2002

Apollo

r ~~h~~undrum schön gezählt!

von Caroline Grégoire

BAUMHAUS VERLAG

Kennt ihr schon
meinen Freund Apollo?
Apollo ist ein sehr lustiger Hund.

Er ist nicht nur der längste,
schönste und netteste
aller Hunde. Er ist außerdem
auch sehr schlau: Von ihm habe
ich gelernt bis 10 zu zählen.

Passt gut auf!

Apollo hat ***einen*** schönen kleinen Schwanz,
der ein bisschen aussieht wie
ein Würstchen.
Mit ihm wedelt er, wenn er sich freut.

1

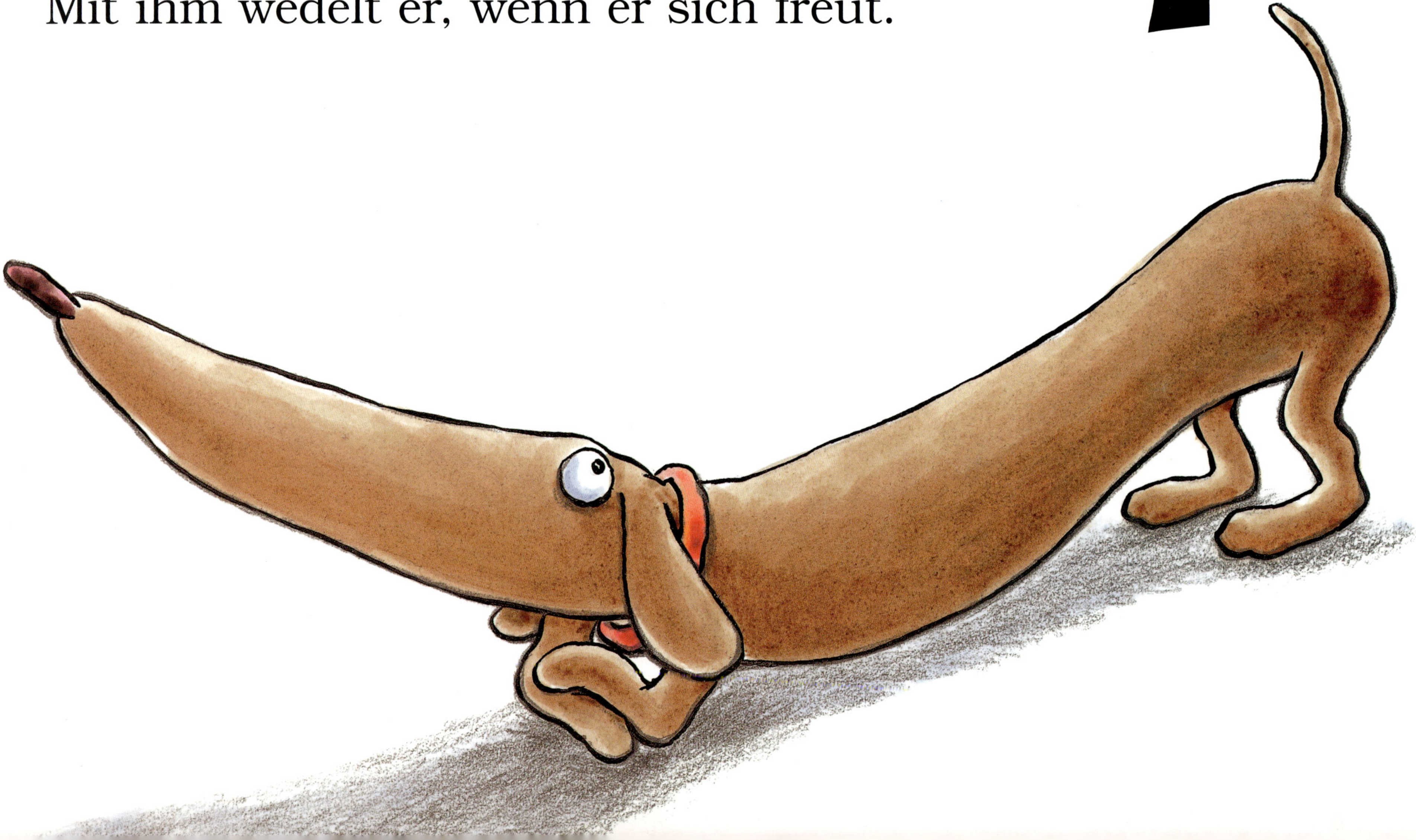

Außerdem hat er ***zwei*** tolle Schlappohren. Und ***zwei*** treue Hundeaugen.

2

3

Wenn Apollo nur ***drei*** Beine hätte, wäre das sehr ungeschickt. Denn dann könnte er nicht richtig laufen.

Deshalb hat Apollo ***vier*** Beine.

4

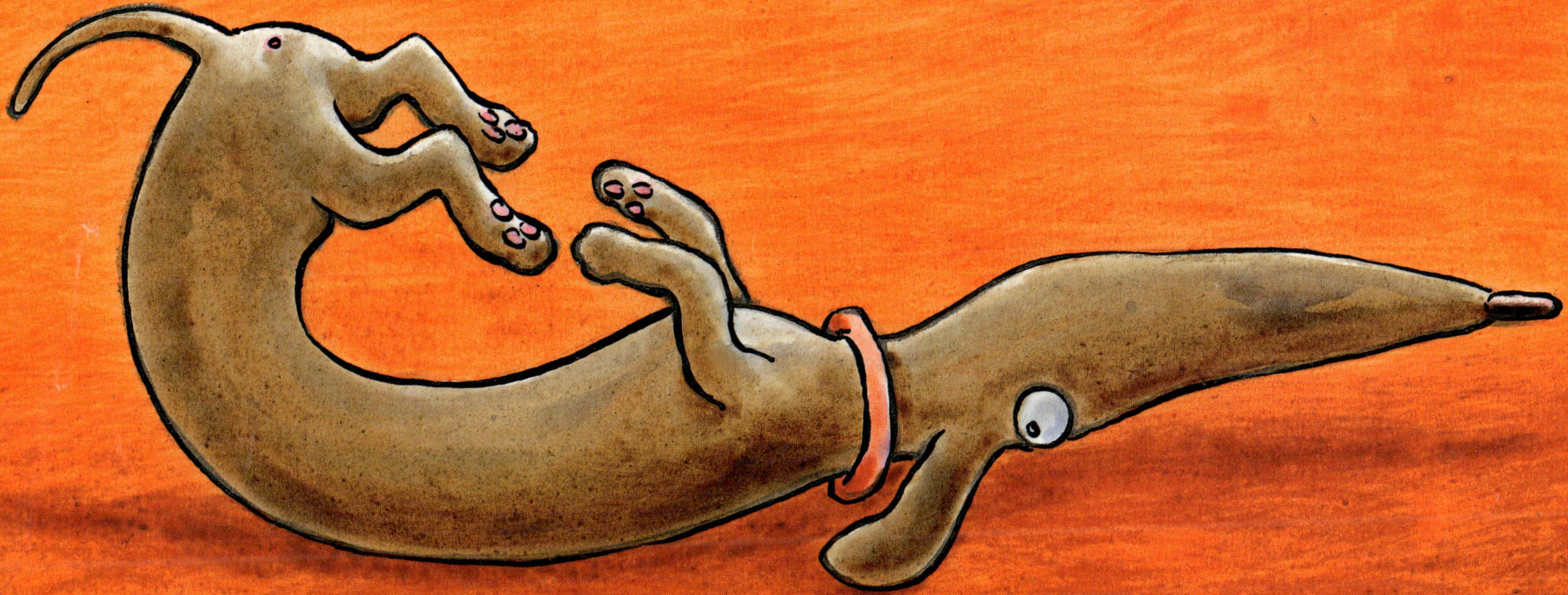

5

Dank seiner vier Beine
kann Apollo viel schneller laufen
als die Nachbarskatzen.
Und unser Nachbar hat *fünf* Katzen.

Natürlich hat Apollo auch seine Fehler.
Er kann Katzen nicht ausstehen...
Und dabei ist er doch selber eine richtige
Naschkatze. Am liebsten isst er
sechs Knochen auf einmal.

6

Oft nascht er heimlich noch einen

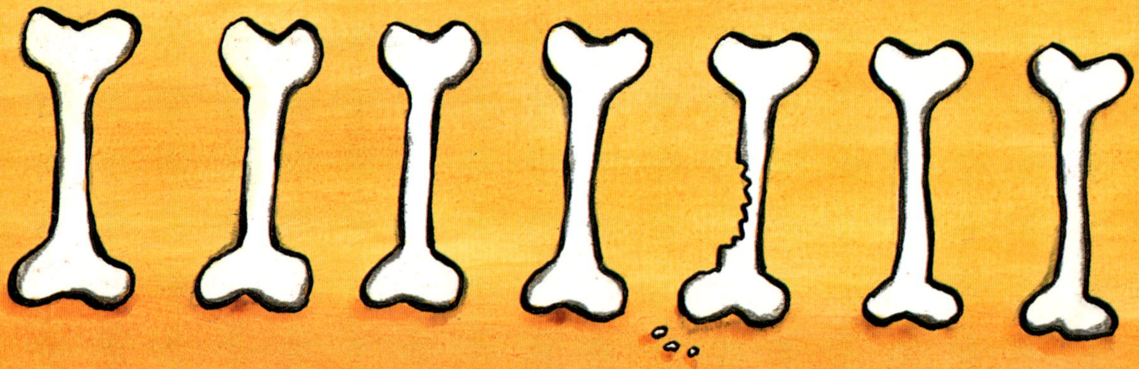

– dann sind es schon ***sieben***.

7

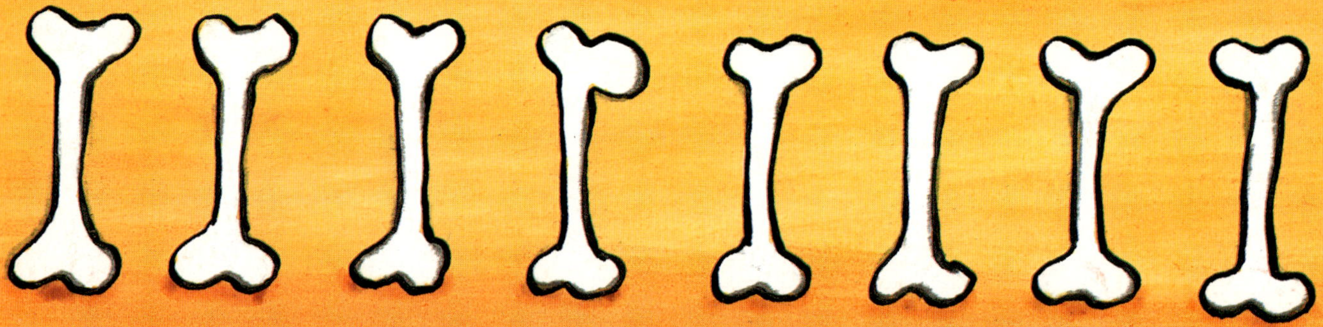

8

Manchmal ist er sehr unvernünftig
und isst sogar ***acht*** Knochen.

Doch am schlimmsten ist es, wenn er ***neun*** Knochen gegessen hat. Dann ist er kugelrund. Und er tut auch noch so, als ob nichts gewesen wäre. Er ist wirklich ein Schlingel.

Er weiß genau, dass er ungehorsam war. Also setzt er sein schönstes Lächeln auf und ich kann seine ***zehn*** weißen Zähne zählen.

Ich muss gar nicht mit ihm schimpfen,
denn wenn mein Apollo zu viel genascht hat,
fühlt er sich gar nicht gut.

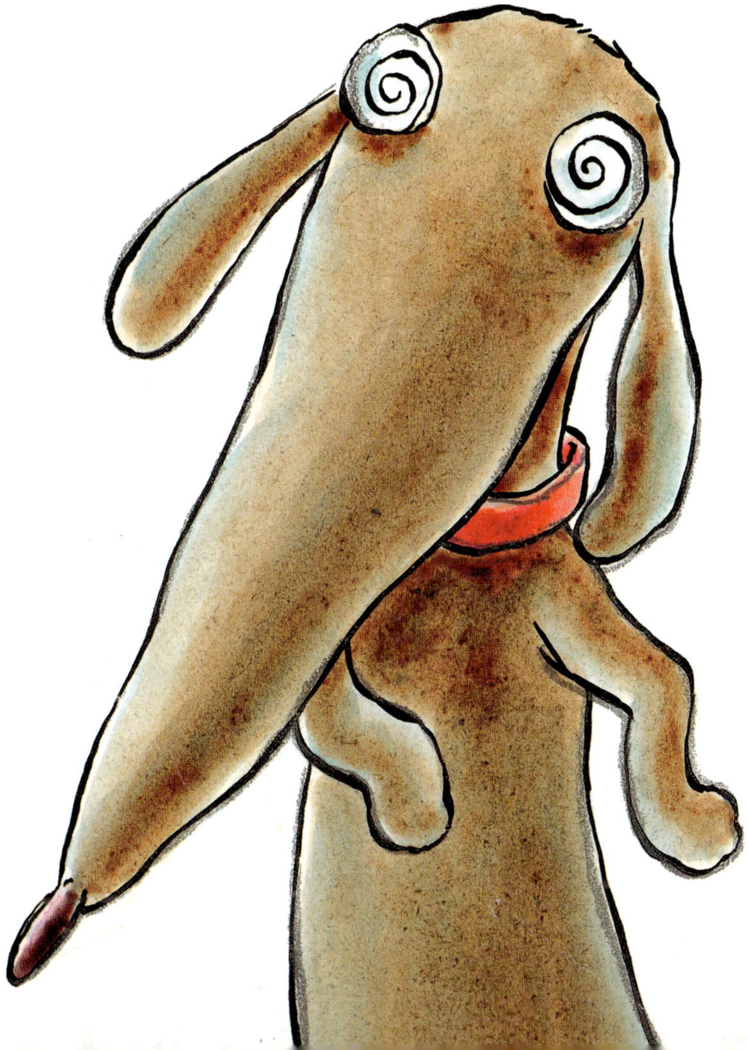

Zuerst wird er ganz ***gelb***...

...dann

rosafarben…

…und schließlich **grün**.

Manchmal wird er auch **blau**…

…meisten

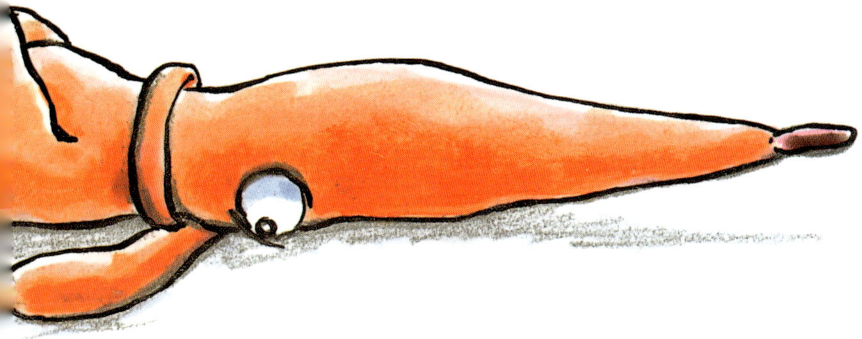

aber **rot**...

...oder auch **grau**.

Aber zuletzt ist er doch wieder mein Apollo.
Er verspricht mir, ein ganz braver Hund zu sein.
Und um zu beweisen, dass er keine halben
Sachen macht, strengt er sich jetzt mächtig an
und zeigt uns die Zahlen von eins bis zehn:

1

2

3

4

5

6

7

8

9

10